Richard Wagner

Tristan und Isolde

Partitura

Könemann Music Budapest

PERSONEN

Tristan . . . . *Tenor*
König Marke . . . . *Bass*
Isolde . . . . *Sopran*
Kurwenal . . . . *Bariton*
Melot . . . . *Tenor*
Brangäne . . . . *Sopran*
Ein Hirt . . . . *Tenor*
Ein Stenermann . . . . *Bariton*

Schiffsvolk, Ritter und Knappen

INDEX

TRISTAN UND ISOLDE.

ERSTER AUFZUG.

Einleitung.

Langsam und schmachtend.

Richard Wagner.

K 1014

(Der Vorhang geht auf.)

SCENE I.

(Zeltartiges Gemach auf dem Vorderdeck eines Seeschiffes, reich mit Teppichen behangen, beim Beginn nach dem Hintergrunde zu gänzlich geschlossen; zur Seite führt eine schmale Treppe in den Schiffsraum hinab.)

Isolde auf einem Ruhebett, das Gesicht in die Kissen gedrückt. — Brangäne, einen Teppich zurückgeschlagen haltend, blickt zur Seite über Bord.

Mässig langsam.

Stimme eines jungen Seemanns *(aus der Höhe, wie vom Maste her, vernehmbar.)*

West_wärts schweift der Blick; ost_wärts streicht das Schiff. Frisch weht der Wind der Hei_mat zu: mein

i_risch Kind, wo wei_lest du? Sind's dei_ner Seuf_zer We_hen, die mir die Se_gel blä_hen? We_he,

we_he, du Wind!_ Weh', ach we_he, mein Kind! I_ri_sche Maid,___ du wil_de, min_ni_ge

Isolde *(jäh auffahrend.)*   *(sie blickt verstört um sich.)*

Wer wagt mich zu höhnen?   Brangäne, du? Sag',— wo

Maid!

16   K 1014

die nur Bal _ sam_trän_ke noch brau't!   Erwache mir wie _ der,   küh_ne Ge_

walt; herauf _____ aus dem Bu _ _ _ _ sen, wo du dich bargst!

K 1014

Hört mei _ nen Wil _ len, za _ gende Winde! Her _ an, zu Kampf und Wet _ terge_tös'! Zu

Hr.
(F)
(Es)

3 Fg.

Vl.

Br.

Isolde.

to-ben-der Stür-me wü-thendem Wirbel! Treibt aus dem Schlaf diess träumende Meer, weckt aus dem Grund sei-ne

Ve.

Cb.

Hb.

Cl.

Tromp.

Hr.
(F)
(Es)

Fg.

Vl.

Br.

Isolde.

grol-len-de Gier! Zeigt ihm die Beu-te, die ich ihm bie-te!

Ve.

Cb.

Zerschlag' — es diess tro_tzi_ge Schiff, des zer_schell_ten Trüm_mer ver_schling's!

Und was auf ihm lebt, den we_hen_den A_them, den lass'ich euch Win_den zum

Gruss den Bleibendenbotest du.   Von der Heimat schei _ dend   kalt und stumm,   bleich   und

schwei _ gend   auf der Fahrt;   oh _ ne Nah _ rung,   oh _ ne Schlaf;

was dich quält! Herrin I _ sol _ de, trau _ te _ ste Hol _ de! Soll sie werth sich dir wähnen, ver _ traue nun Bran _

Luft! Luft! Mir erstickt das Herz! Oeffne! Oeff _ ne dort weit!

gä _ nen!

(Brangäne zieht eilig die Vorhänge in der Mitte auseinander.)

SCENE II.

(Man blickt dem Schiff entlang bis zum Steuerbord, über den Bord hinaus auf das Meer und den Horizont. Um den Haupt-mast in der Mitte ist Seevolk, mit Thauen beschäftigt, gelagert: über sie hinaus gewahrt man am Steuerbord Ritter und Knappen, ebenfalls gelagert, von ihnen etwas entfernt Tristan, mit verschränkten Armen stehend, und sinnend in das Meer blickend; zu Füssen ihm, nachlässig gelagert, Kurwenal. Vom Maste her, aus der Höhe, vernimmt man wieder die Stimme des jungen Seemann's.)

Mässig langsam.

Der junge Seemann. *(auf dem Maste, unsichtbar.)*
Frisch weht der Wind der Hei-mat zu: mein i-risch Kind, wo wei-lest du? Sind's deiner Seufzer We-hen, die mir die Se-gel blä-hen?

Isolde. *(deren Blick sogleich Tristan fand, und starr auf ihn geheftet blieb, dumpf für sich:)*
Mir er-ko-ren, — mir ver-lo-ren, — hehr und heil, —

Wehe, wehe du Wind! Weh', ach we-he, mein Kind!

Gemächlich.

(Auf Isolde's gebieterischen Wink entfernt sich Brangäne, und schreitet verschämt den Deck entlang dem Steuerbord zu, an den arbeitenden Seeleuten vorbei. Isolde, mit starrem Blicke ihr folgend, zieht sich rücklings nach dem Ruhebett zurück, wo sie sitzend während des Folgenden bleibt, das Auge unabgewandt nach dem Steuerbord gerichtet.)

Kurwenal. (der Brangäne kommen sieht, zupft, ohne sich zu erheben, Tristan am Gewande.)

Hab' Acht, Tris — tan!

SCENE III.

(Isolde und Brangäne allein, bei vollkommen wieder geschlossenen Vorhängen.)

Sehr bewegt und wechselvoll im Zeitmaasse.

nun hö re, was sie mir schuf. Wie

Mässiger.

lachend sie mir Lieder singen, wohl könnt' auch ich er widern! Von einem Kahn, der klein und arm an

nannte, als Tris_tan I_sold' ihn bald er_kann_te, da indes Müss'genSchwerte eineSchartesiege_wahrte, daringe_

nau sich fügt' ein Splitter, den einst im Haupt des I_ren-Ritter, zum Hohn ihr heim_ge_sandt, mit kund'ger Hand sie fand.

Da schrie's mir auf aus tiefstem Grund!

Mit dem hellen Schwert ich vor ihm

stund,

an ihm dem Ue _ ber _ fre _ chen Herrn Mo _ rolds Tod zu _ rächen.

Isolde: Mo_rold schlug, die Wun_de, sie heilt'ich, dass er ge_sun_de, und heim nach Hau_se keh_re, — mit dem Blick mich nicht mehr be_schwere!

Isolde: Sein Lob hör_test du

Brang.: O Wunder! Wo hatt'ich die Au_gen? Der Gast, den einst ich pflegen half?

Kornwall's mü_den Kö_nig, für Mar_ke, seinen Ohm. Da Mo _ rold leb_te, wer hätt' es ge-

wagt uns je sol_che Schmach zu bie_ten? Für_der zinspflicht'gen Kornen Fürsten um Irland's Krone zu werben!

schwei - gend ihm das Le - ben gab, vor Fein - des Ra - che ihn schweigend barg; was stumm ihr Schutz zum Heil ihm

schuf, —

mit ihr gab er es preis!

Wie

Ohm; dir gab er der Welt begehrlichsten Lohn: dem eig'nen Erbe, ächt und e_del, ent_sagt'

er zu deinen Fü _ ssen, als Kö _ nigin dich zu grüssen! (*Isolde wendet sich ab.*)

Und warb er Mar _ ke dir zum Ge_mahl, _____ wie wolltest du die Wahl doch schel _ ten, muss er nicht werth dir

Brang. *(sie nähert sich schmeichelnd und kosend Isolden.)*

Ve. *ausdrucksvoll.* Wo leb _ te der Mann, der dich nicht

lieb _ te? der I _ sol _ den säh', und in I _ sol _ den se _ lig nicht ganz _____ ver _ ging?

Brang. Doch, der dir er _ ko _ ren, wär' er so kalt, zög' ihn von dir ein Zau _ ber

SCENE IV. *(Durch die Vorhänge tritt mit Ungestüm Kurwenal herein.)*

Kurw. Land! Auf! Auf! Ihr Frau — en! Frisch und froh!

Rasch gerüstet! Fertig nun, hurtig und flink! Und Frau I — sol — den sollt' ich sagen von Held

Tristan, mei_nem Herrn: Vom Mast der Freu_de Flag_ge, sie we_he lus_tig in's Land;

in Mar_kes Kö_nig_schlos_se mach' sie ihr Nah'n be_kannt.

Drum Frau I_sol_de bät' er ei_len, für's Land sich zu be_rei __ ten, dass er __ sie

könnt' ge_lei __ ten.

SCENE V. *(Kurwenal geht wieder zurück. Brangäne, kaum ihrer mächtig, wendet sich in den Hintergrund. Isolde, ihr ganzes Gefühl zur Entscheidung zusammenfassend, schreitet langsam, mit grosser Haltung, dem Ruhebett zu, auf dessen Kopfende sich stützend sie den Blick fest dem Eingange zuwendet.)*

84

Tristan. So dank' ich Ge_ringes deinem Herrn, rieth dir sein Dienst Un_sit_te gegen sein eigen Gemahl?

Sit_te lehrt, wo ich ge-

Aus welcher Sorg'?

Tristan. lebt: zur Brautfahrt der Brautwerber mei_de fern __ die Braut.

Fragt die Sit_te!

Da du so sitt-sam, mein Herr Tristan, auch ei — ner Sit-te sei nun ge-mahnt: den

Feind dir zu sühnen, soll er als Freund dich rühmen. Frag'deine Furcht! Blutschuld

Und wel-chen Feind?

herr - lich, hehr und heil; doch was er schwur, das schwur ich nicht: zu schweigen

hatt' ich ge - lernt. Da in stil - ler Kammer kranker lag,

90

K 1014

Mässig.

K 1014

Wie sorgt' ich schlecht um dei_nen Her_ren; was wür_de König Marke sagen, er_

schlüg' ich ihm den besten Knecht, der Kron' und Land ihm ge_wann, den al_ler_treusten Mann? Dünkt dich so

we_nig, was er dir dankt, bringst du die I_rin ihm als Braut, dass er nicht schölte, schlüg' ich den Werber, der Ur_feh_de-Pfand so

treu ihm liefert zur Hand? Wah_re dein Schwert! Da einst ich's schwang, als mir die

K 1014

Los den Anker! Das Steu_er dem Strom! Den Win__den Se_gel und

An _ ker los!

An _ ker los!

Dann wirft sie die Schale fort. — Beide, von Schauer erfasst, blicken sich mit höchster Aufregung, doch mit starrer Haltung, unverwandt in die Augen, in deren Ausdruck der Todestrotz bald der Liebesgluth weicht.

Etwas bewegt.　　　　　　　　　　rallent.　Langsam.

Etwas bewegt.　　　　　　　　rallent.

Zittern ergreift sie. Sie fassen sich krampfhaft an das Herz, — und führen die Hand wieder an die Stirn. — Dann suchen sie sich wieder mit dem Blick, —

Un _ ab _ wend _ bar ew' _ _ ge Noth für kur _ zen Tod! Thör' _ ger

Treu _ _ e trug _ vol _ les Werk blüht nun _ jam _ _ _ mernd em _

114

ZWEITER AUFZUG.

(Der Vorhang wird aufgezogen.)

SCENE I. *(Garten mit hohen Bäumen vor dem Gemach Isolde's, zu welchem, seitwärts gelegen, Stufen hin-auffführen. Helle, anmuthige Sommernacht. An der geöffneten Thüre ist eine brennende Fackel aufge-steckt. Jagdgetön. Brangäne, auf den Stufen am Gemach, späht dem immer entfernter vernehmbaren Jagdtrosse nach.)*

*) Auf dem Theater, zur Seite hinter dem Prospect, sehr allmählich entfernter. (Diese Hörner sind womöglich doppelt,oder auch noch mehrfach zu besetzen.)

(Brangäne blickt ängstlich in das Gemach zurück, darin sie
Isolde nahen sieht.)

(Isolde tritt, feurig bewegt, aus dem
Gemach zu Brangäne.)

Hörst du sie noch? Mir___schwand schon fern der Klang.

Brangäne. (lauschend.)
Noch sind sie nah;_ deut_lich tönt's da her.

Isolde. (sie lauscht.)
Sor_gende Furcht beirrt dein

blödet für euch?   Als dort an Schiffes Bord, von Tristan's be_bender Hand, die bleiche Braut, kaum ih_rer mächtig,

Kö_nig Marke em_pfing;   als Alles verwirrt auf die Wankende sah, der güt'ge Kö_nig, mild be_sorgt, die

Mühen der langen Fahrt, die du littest, laut be_klagt:_   ein Einz'_ger war's, ich achtet' es wohl,   der nur Tris_tan

Was mir ihn ver-dächtig, macht dir ihn theuer! Von Tristan zu Marke ist Melot's Weg;— dort

sät er üb _ le Saat. Die heut'im Rath dies nächtliche Jagen so eilig schnell beschlossen, einem ed-lern Wild, als dein Wähnen

sorgt er für mich; ihm öffnet er, was mir du sperrst. O spa - re mir des Zö-gern's Noth! Das

Zei - chen, Brangäne! O gieb das Zei - chen! Lö - sche des Lich - tes letz - - - ten

152

Schein! Lass'_____ meinen Lieb ___ sten ein!

O lass' die warnende

Zünde, lass' die Gefahr sie dir zei-gen! O we - - he! We - he! Ach mir

Ein wenig mässiger im Zeitmaass.

Ar-men! Des un - se-ligen Trankes! Dass ich untreu einmal nur der Herrin Wil-len trog! Ge-

la ___ chend sie zu löschen zag'ich nicht!

(Sie wirft die Fackel zur Erde, wo sie allmählich verlischt.)

(Brangäne wendet sich bestürzt ab, um auf einer äusseren Treppe die Zinne zu ersteigen, wo sie langsam verschwindet.)

(Isolde lauscht und späht, zunächst schüchtern, in einen Baumgang.)

(Von wachsendem Verlangen bewegt schreitet sie dem Baumgang näher, und späht zuversichtlicher.)

(Sie winkt mit einem Tuche, erst seltener, dann häufiger, und endlich, in leidenschaftlicher Ungeduld,

immer schneller.)

Immer belebter.

(Eine Gebärde des plötzlichen Entzücken's sagt, dass sie den Freund in der Ferne gewahr geworden. Sie streckt sich höher, und, um besser den Raum zu übersehen, eilt sie zur Treppe zurück, von

SCENE II. (Tristan und Isolde.)

(Jetzt springt sie ihm entgegen.)

Tristan (stürzt herein)

174   K 1014

Im Dunkel du, im Lich — — te ich!

Hol — de Nä — he! Oe — de Wei — — te!

Son _ ne sank, der Tag ver _ ging, doch seinen Neid erstickt' er nicht: sein scheu _ chend

Zei _ chen zün _ det er an, und steckt's an der Lieb _ sten Thü _ re, dass nicht ich zu ihr füh _ re.

Doch der

Immer sehr schnell.

Ta _ _ ge, dem här _ te _ sten Fein _ _ de Hass und Kla _ ge!

Wie du das Licht, o könnt' ich die Leuch _ _ te, der Liebe Lei _ den zu rächen, dem fre _ chen Tage ver_

löschen! Giebt's ei _ ne Noth; giebt's eine Pein, die er nicht weckt mit seinem Schein? Selbst in der Nacht däm _ mernder

Sehr schnell. *Ein wenig zurückhaltend.*

rallent.

Tag! Der Tag, der dich um-gliss, da-hin, wo sie der Son-ne glich, in höchster Ehren Glanz und Licht I-solden mir ent-

rückt'! Was mir das Au-ge so ent-zückt, das Her-ze tief zur Er-de drückt': in

Macht, _____ an sie mein Herz zu han_gen hielt mich der Wahn ge_fan_gen. Die mit des

Schimmers hell_stem Schein mir Haupt und Schei_tel licht be _ schien, der Wel _ ten- Eh _ ren

Glü — — cke schreckt? der Missgunst, die mir Eh — ren und Ruhm be-gann zu schwe — ren:

de-nen bot ich Trotz, und treu be-schloss, um Ehr' und Ruhm zu wah — ren, nach Ir-land ich zu fah —

Lie_be Bli _ cken schwand, als Feind nur vor mir stand! Das als Ver_rä_ther dich mir wies, dem Licht des

Ta_ges wollt' ich ent_fliehn, dorthin in die Nacht_____ dich mit mir

216

Sün _ den Rath's _ er pflag: was dir ge_zeigt die däm _ mern_de Nacht, an des Tags_ _ ge_

Schein ver _ lacht, wem die Nacht den Blick ge _ weiht. Seines fla _ ckernden

Lich _ tes flüch _ ti _ ge Bli _ tze blen _ den uns nicht mehr. Wer des To _ des

Nacht   lie _ bend er _ schaut,   wem   sie ihr tief   Ge _ heim _ niss ver _

traut: des   Ta _ ges Lü _ gen,   Ruhm   und   Ehr, Macht und Ge _ winn, so schimmernd hehr,   wie

eit_ler Staub der Son_nen sind sie vor dem zer_sponnen!

In des

Ta_ges eit _ lem Wäh _ nen bleibt ihm ein ein _ zig Seh _ _ nen,_ das Seh_nen hin zur

Langsamer, und allmählich immer langsamer.

heil'-gen Nacht, wo ur-ewig, ein-zig wahr Lie-bes-wonne ihm lacht!

(Tristan zieht Isolde sanft zur Seite auf eine Blumenbank nieder, senkt sich vor ihr auf die Knie und schmiegt sein Haupt in ihren Arm.)

K 1014

Immer etwas drängend.

SCENE III.

Sehr schnell. (♩ merklich schneller als zuvor.)

Wieder das vorhergehende Hauptzeitmaass. (♩ mässiger.)

Marke, Melot und Hofleute (in Jägertracht) kommen aus dem Baumgange lebhaft nach dem Vordergrunde,

und halten entsetzt der Gruppe der Liebenden gegenüber an.

Brangäne kommt zugleich von der Zinne herab, und stürzt auf Isolde zu. Diese, von unwillkürlicher Scham ergriffen, lehnt sich, mit abgewandtem Gesicht, auf die Blumenbank. Tristan, in ebenfalls unwillkürlicher Bewegung, streckt mit dem einen Arme den Mantel

Allmählich etwas langsamer.

breit aus, so dass er Isolde vor den Blicken
der Ankommenden verdeckt.

In dieser Stellung verbleibt er längere Zeit, unbeweglich den starren Blick auf die

Männer gerichtet, die in verschiedener Bewegung die
Augen auf ihn heften. — Morgendämmerung.

Der ö _ de Tag zum letz _ ten

Das — sollst du, Herr, mir sa-gen, ob — ich ihn recht verklagt; das dir zum Pfand ich gab,

ob ich mein Haupt ge-wahrt? Ich zeigt' ihn dir in offner That: Namen und Ehr' hab' ich getreu vor Schan-de dir be-

da Tris _ tan sie ver _ lor ? Die Tristan sich zum Schilderkor, wohin ist Tugend nun ent _ flohn, da meinen Freund sie flieht, da

Tris _ tan mich ver _ rieth?

(*Tristan senkt langsam den Blick zu Boden; in seinen Mienen ist, während Marke fortfährt, zunehmende Trauer zu lesen.*)

Wo _ zu die

Dienste oh _ ne Zahl, der Ehren Ruhm, der Grösse Macht, die Mar _ ken du gewannst; musst'Ehr'und Ruhm, Gröss'und Macht, musste die Dienste ohne

Zahl dir Mar — ke's Schmach be_zahlen? Dünk_te zu we_nig dich sein Dank, dass was du ihm er_worben, Ruhm und

Reich, er zu Erb' und Ei — — gen dir gab? Da kinder_los einst schwand sein Weib, so lieb' er

dich, dass nie auf's neu' sich Mar_ke wollt' ver_mählen. Da al_les Volk zu Hof und Land mit Bitt' und

Dräuen in ihn drang, die Kö_ni_gin dem Lande, die Gat_tin sich zu kie_sen; da sel_ber du den Ohm beschworst, des Hofes

K 1014

Wunsch, des Lan_des Wil_len güt _ lich zu er_fül_len; in Wehr wi_der Hof und Land, in Wehr selbst ge_gen

dich, mit List und Gü_te weiger_te er sich, bis, Tristan, du ihm droh_test, für im_mer zu mei_den

Hof und Land, wür_dest du sel _ ber nicht entsandt, dem Kö_nig die Braut zu frei'n. Da liess er's denn so

sein. Diess wunder_vol_le Weib, das mir dein Muth ge_wann, wer durft' es

Nun, da durch solchen Be_sitz mein Herz du fühl_sa_mer schufst, als sonst, dem

Schmerz, dort, wo am weichsten, zart und of_fen, würd' ich ge_trof_fen, nie zu hof_fen, dass je ich könn_te ge_

sun _ den: wa_rum so sehrend, Un _ _ se_li_ger, dort _ nun mich ver_wun _ den? Dort mit der Waf_fe quälendem

Was, da sie mich ge_bar, ihr Liebesberge war, das Wunderreich der Nacht, aus der ich einst er_wacht: das bietet dir Tris_

Nun führst du in dein Ei - gen, dein Er - be mir zu zei - gen; wie flöh' ich wohl das Land, das

al - le Welt umspannt? Wo Tristan's Haus und Heim, da kehr' I - sol - de ein: auf dem sie fol - ge treu und hold, den Weg nun — zeig' I -

302

K 1014

DRITTER AUFZUG.

SCENE I.

Burggarten. Zur einen Seite hohe Burggebäude, zur andren eine niedrige Mauerbrüstung, von einer Warte unterbrochen; im Hintergrunde das Burgthor. Die Lage ist auf felsiger Höhe anzunehmen; durch Oeffnungen blickt man auf einen weiten Meereshorizont. Das Gan-
ze macht den Eindruck der Herrenlosigkeit, übel gepflegt, hie und da schadhaft und bewachsen.

Im Vordergrunde, an der inneren Seite, liegt Tristan unter dem Schatten einer grossen Linde, auf einem Ruhebett schlafend, wie leblos
ausgestreckt. Zu Häupten ihm sitzt Kurwenal, in Schmerz über ihn hingebeugt, und sorgsam seinem Athem lauschend. — Von der Aussen-
seite hört man einen Hirtenreigen geblasen.

späh'; und siehst du ein Schiff, so spie_le lus_tig und hell!

(Der Hirt wendet sich, und späht, mit der Hand über'm Aug', nach dem Meer aus.)

Oed' und leer das Meer! *(Er setzt die Schalmei an den Mund, und entfernt sich blasend.)*

Die al_te Wei _ se; — was weckt sie mich? Wo bin ich?

(Er schlägt die Augen auf und wendet das Haupt ein wenig.)

(bewegungslos, dumpf.)

Ha!

(Kurwenal fährt erschrocken auf.)

K 1014

314   K 1014

318

geh': im wei_ten Reich der Wel_tennacht. Nur ein Wissen dort uns ei_gen: göttlich ew'ges Ur_ver_ges_sen!

Wie schwand mir seine Ahnung? Sehn_süchtge Mahnung, nenn'ich dich, die neu dem Licht des Tags mich zu_ge_trie_ben?

Belebt (doch nicht schnell).

scheint! I sol de noch im Reich der Son ne! Im Ta ges

schim mer noch I sol de! Welches Seh nen! Welches

schlie_ssen: weit nun steht es wieder of_fen, der Son_ne Strah_len

sprengt' es auf; mit hell er_schlossnen Au_gen muss ich der Nacht ent_tau_chen,—

bleich und bang, mir des Ta_ geswil der Drang; grell und täu _ schend sein Ge_ stirn_____ weckt zu

Trug und Wahn_____ mir das Hirn. Ver_

Sehr allmählich langsamer werdend.

Fl.
Hb.
Cl.
Hr. 1ᵉ (F)
Fg.
Bcl.
Vl.
Br.
Trist. *(allmählich abnehmend)*

te, die selbst Nachts von ihr mich scheuch_te? Ach, I_sol_de, sü_sse Hol_de!

Vc.
Cb.

Immer ruhiger.

Hb.
Cl.
Hr. 1ᵉ (F)
Fg.
Bcl.
Vl.
Br.
Trist.

Wann end_lich, wann, ach wann? lö_schest du die Zün_de, dass sie mein Glück mir kün_de? Das Licht_

Vc.

330

Ve. gel - ten, heut' _ sollst du ihn nicht schel - ten.

Wie todt lagst du seit dem Tag, da Me_lot, der Ver_ruch _ te, dir ei _ ne

Dem guten Marke, dient' ich ihm hold, — wie warst du ihm

treu er als Gold! — Musst' ich verrathen den edlen Herrn, wie be-

K 1014

Se _ gel sich blähen,   wo vor den Win _ den,   mich zu fin _ den,   von der Lie _ be Drang be _ feu _ ert,

I _ sol _ _ _ de zu mir   steuert!—

das Schiff! dort streicht es am Riff! Siehst du es nicht?

Kurwenal! Siehst

Die al – te Wei–se sagt mir's wieder: mich sch – nen – und ster – ben!

Nein! Ach nein! So heisst sie nicht!

K 1014

Schwert dann a_ber— liess sie sin_ken; den Gifttrank gab sie mir zu trin_ken: wie ich da

hoff_te ganz zu ge_ne_sen, da war der seh — rend_ste Zau_ber er_le — sen: dass nie__ ich soll_te

Tristan. Trank! Der furchtbare Trank! Wie vom Herz zum Hirn er wü _ thendmirdrang!

Tristan. Kein Heil nun kann, kein' sü _ sser Tod je ___ mich be_frei'n

von der Sehn - sucht Noth; _____ nir - gends, ach nirgends find ich

Ruh': mich wirft die Nacht dem Ta - ge zu, um e - wig an meinen

poco rall.   a tempo. (Etwas schleppend.)

Leiden der Sonne Auge zu weiden.   O dieser Sonne sengender Strahl, wie brennt mir das

Hirn seine glühende Qual!   Für dieser Hitze heisses Verschmachten, ach keines

Schät _ _ tens küh _ lend Um _ nach _ _ ten! Für die _ ser Schmer_zen schreck_li_che Pein, welcher Bal_sam

soll te mir Lind' rung ver leih'n? Den furcht ba ren Trank, der der Qual mich ver traut, ich selbst —

362

Trankes Gif_te ge_fun_den! Den ich gebrau't, ___ der mir ge flos _ sen, den Won _ ne schlürfend je ich ge_

364

Sehr mässig.

(mit schluchzender Stimme)

winnt! Bist du nun todt? Lebst du noch? Hat dich der Fluch entführt?

Hb. Mässig langsam.

sehr zart

(Er lauscht seinem Athem) (leise)

O Wonne! Nein! Er

(mit Dämpfer)

Tristan. (Sehr leise beginnend.)

Das

(zart)

regt sich, er lebt!— Wie sanft er die Lippen rührt!

K 1014

Schiff?   Siehst du's noch nicht?

Das Schiff? Gewiss, es naht noch heut': es kann nicht lang' mehr säumen.

Und drauf I _ sol _ de, wie sie winkt _   wie sie

Sehr ruhig und nicht schleppend.

Allmählich immer mehr belebend.

*) Das englische Horn soll hier die Wirkung eines sehr kräftigen Naturinstrumentes, wie das Alpenhorn, hervorbringen; es ist daher zu rathen, je nach Befund des akustischen Verhält_
nisses, es durch Hoboen und Clariuetten zu verstärken, falls man nicht, was das Zweckmässigste wäre, ein besonderes Instrument (aus Holz), nach dem Modell der Schweizer Alpen_
hörner, hierfür anfertigen lassen wollte, welches seiner Einfachheit wegen (da es nur die Naturscala zu haben braucht) weder schwierig noch kostbar sein wird.

Hell am Ta- ge zu mir I- sol- de! I- sol- - - - de zu mir!

Siehst ____ du sie

All' mein Hab' und Gut ver-

treu—e—ster Freund!

K 1014

385

poco riten.   accel.

Vl.

Br.

Tristan.

Strand! Hilf ihr! Hilf meiner Frau!

Kurw.

Sie trag' ich her auf: trau meinen Armen! Doch du, Tristan, bleib' mir treulich am Bett!

Vc.

Cb.

SCENE II.

Sehr lebhaft.

Fl.

Hb.

Cl.

Engl. Horn. (im Orchester.)

Hr.

Fg.

Bcl.

Pos.

Btb.

Vl.

Br.

Tristan.

(Kurwenal eilt fort. — Tristan, in höchster Aufregung auf dem Lager sich mühend.)   O _____ diese Sonne!

Vc.

Cb.

Sehr lebhaft.

Isolde eilt athemlos herein. Tristan, seiner nicht mächtig, stürzt sich ihr schwankend entgegen.
In der Mitte der Bühne begegnen sie sich; sie empfängt ihn in ihren Armen.

Tristan.

lischt. Zu ihr! Zu ihr!

K 1014

K 1014

SCENE III.

(Sie sinkt bewusstlos über der Leiche zusammen.)

Isolde. Ge_liebter!

Kurwenal war sogleich hinter Isolde zurückgekommen; sprachlos in furchtbarer Erschütterung hat er dem Auftritte beigewohnt, und bewegungslos auf Tristan hingestarrt. Aus der Tiefe hört man jetzt dumpfes Gemurmel und Waffengeklirr. Der Hirt kommt über die Mauer gestiegen.

Der Hirt. (Hastig und leise sich zu Kurwenal wendend.) Kurwenal! Hör'! Ein zweites Schiff.

(Kurwenal fährt heftig auf und blickt über die Brüstung, während der Hirt aus der Ferne erschüttert auf Tristan und Isolde sieht.)

Noch lebhafter.

Kurw. (In Wuth ausbrechend) Tod und Hölle! Al_les zur Hand! Mar_ke und Me_lot hab' ich er_kannt.

(Melot, mit gewaffneten Männern, erscheint unter dem Thor. Kurwenal stürzt sich auf ihn und streckt ihn zu Boden.)

Weh' mir!

tref___fe!

Stirb, schändlicher Wicht!

K 1014

Brangäne. *(hat sich seitwärts über die Mauer geschwungen, und eilt in den Vordergrund.)*

I_sol _ de!

K 1014

Trau _ tester Freund, auch heu _ te noch musst du den Freund verrathen? Heut, wo er kommt dir höchste Treue zu be_währen? Er _

wa _ che! Er _ wa _ che! Er _ wa _ che mei _ nem Jam _ mer!

Immer lichter wie er leuchtet, Stern um strah let

Hel — ler schal — — lend, mich um — wal — — lend, sind es Wel — len sanf — ter

Lüf _ te? Sind es Wol _ ken won _ niger Düf _ te? Wie sie schwel _ len, mich um _ rau _ schen, soll ich

© 1994 by Könemann Music Budapest Kft. · H–1027 Budapest, Margit krt. 64/B

Distributed worldwide by
Könemann Verlagsgesellschaft mbH. · Bonner Str. 126, D–50968 Köln

Responsible co-editor: Tamás Zászkaliczky
Production: Detlev Schaper
Cover design: Peter Feierabend
Technical editor: Dezső Varga

Printed by: Kner Printing House Gyula
Printed in Hungary

ISBN 963 8303 10 7